THIS *planner* BELONGS TO:

2018 YEARLY REVIEW

JANUARY 2018

S	M	T	W	T	F	S
	1	2	3	4	5	6
7	8	9	10	11	12	13
14	15	16	17	18	19	20
21	22	23	24	25	26	27
28	29	30	31			

NEW YEAR'S DAY

FEBRUARY 2018

S	M	T	W	T	F	S
				1	2	3
4	5	6	7	8	9	10
11	12	13	14	15	16	17
18	19	20	21	22	23	24
25	26	27	28			

VALENTINE'S DAY

MARCH 2018

S	M	T	W	T	F	S
				1	2	3
4	5	6	7	8	9	10
11	12	13	14	15	16	17
18	19	20	21	22	23	24
25	26	27	28	29	30	31

ST. PATRICK'S DAY

APRIL 2018

S	M	T	W	T	F	S
1	2	3	4	5	6	7
8	9	10	11	12	13	14
15	16	17	18	19	20	21
22	23	24	25	26	27	28
29	30					

EASTER

MAY 2018

S	M	T	W	T	F	S
		1	2	3	4	5
6	7	8	9	10	11	12
13	14	15	16	17	18	19
20	21	22	23	24	25	26
27	28	29	30	31		

MEMORIAL DAY

JUNE 2018

S	M	T	W	T	F	S
					1	2
3	4	5	6	7	8	9
10	11	12	13	14	15	16
17	18	19	20	21	22	23
24	25	26	27	28	29	30

JULY 2018

S	M	T	W	T	F	S
1	2	3	4	5	6	7
8	9	10	11	12	13	14
15	16	17	18	19	20	21
22	23	24	25	26	27	28
29	30	31				

INDEPENDENCE DAY

AUGUST 2018

S	M	T	W	T	F	S
			1	2	3	4
5	6	7	8	9	10	11
12	13	14	15	16	17	18
19	20	21	22	23	24	25
26	27	28	29	30	31	

SEPTEMBER 2018

S	M	T	W	T	F	S
						1
2	3	4	5	6	7	8
9	10	11	12	13	14	15
16	17	18	19	20	21	22
23	24	25	26	27	28	29
30						

LABOR DAY

OCTOBER 2018

S	M	T	W	T	F	S
	1	2	3	4	5	6
7	8	9	10	11	12	13
14	15	16	17	18	19	20
21	22	23	24	25	26	27
28	29	30	31			

HALLOWEEN

NOVEMBER 2018

S	M	T	W	T	F	S
				1	2	3
4	5	6	7	8	9	10
11	12	13	14	15	16	17
18	19	20	21	22	23	24
25	26	27	28	29	30	

THANKSGIVING DAY

DECEMBER 2018

S	M	T	W	T	F	S
						1
2	3	4	5	6	7	8
9	10	11	12	13	14	15
16	17	18	19	20	21	22
23	24	25	26	27	28	29
30	31					

CHRISTMAS DAY

JANUARY 2019

S	M	T	W	T	F	S
		1	2	3	4	5
6	7	8	9	10	11	12
13	14	15	16	17	18	19
20	21	22	23	24	25	26
27	28	29	30	31		

NEW YEAR'S DAY

FEBRUARY 2019

S	M	T	W	T	F	S
					1	2
3	4	5	6	7	8	9
10	11	12	13	14	15	16
17	18	19	20	21	22	23
24	25	26	27	28		

VALENTINE'S DAY

MARCH 2019

S	M	T	W	T	F	S
					1	2
3	4	5	6	7	8	9
10	11	12	13	14	15	16
17	18	19	20	21	22	23
24	25	26	27	28	29	30
31						

ST. PATRICK'S DAY

APRIL 2019

S	M	T	W	T	F	S
	1	2	3	4	5	6
7	8	9	10	11	12	13
14	15	16	17	18	19	20
21	22	23	24	25	26	27
28	29	30				

EASTER

MAY 2019

S	M	T	W	T	F	S
			1	2	3	4
5	6	7	8	9	10	11
12	13	14	15	16	17	18
19	20	21	22	23	24	25
26	27	28	29	30	31	

MEMORIAL DAY

JUNE 2019

S	M	T	W	T	F	S
						1
2	3	4	5	6	7	8
9	10	11	12	13	14	15
16	17	18	19	20	21	22
23	24	25	26	27	28	29
30						

JULY 2019

S	M	T	W	T	F	S
	1	2	3	4	5	6
7	8	9	10	11	12	13
14	15	16	17	18	19	20
21	22	23	24	25	26	27
28	29	30	31			

INDEPENDENCE DAY

AUGUST 2019

S	M	T	W	T	F	S
				1	2	3
4	5	6	7	8	9	10
11	12	13	14	15	16	17
18	19	20	21	22	23	24
25	26	27	28	29	30	31

SEPTEMBER 2019

S	M	T	W	T	F	S
1	2	3	4	5	6	7
8	9	10	11	12	13	14
15	16	17	18	19	20	21
22	23	24	25	26	27	28
29	30					

LABOR DAY

OCTOBER 2019

S	M	T	W	T	F	S
		1	2	3	4	5
6	7	8	9	10	11	12
13	14	15	16	17	18	19
20	21	22	23	24	25	26
27	28	29	30	31		

HALLOWEEN

NOVEMBER 2019

S	M	T	W	T	F	S
					1	2
3	4	5	6	7	8	9
10	11	12	13	14	15	16
17	18	19	20	21	22	23
24	25	26	27	28	29	30

THANKSGIVING DAY

DECEMBER 2019

S	M	T	W	T	F	S
1	2	3	4	5	6	7
8	9	10	11	12	13	14
15	16	17	18	19	20	21
22	23	24	25	26	27	28
29	30	31				

CHRISTMAS DAY

JANUARY

SUNDAY	MONDAY	TUESDAY	WEDNESDAY
	1	2	3
7	8	9	10
14	15	16	17
21	22	23	24
28	29	30	31

2018

THURSDAY	FRIDAY	SATURDAY	NOTES
4	5	6	
11	12	13	
18	19	20	
25	26	27	

JANUARY

S	M	T	W	T	F	S
	1	2	3	4	5	6
7	8	9	10	11	12	13
14	15	16	17	18	19	20
21	22	23	24	25	26	27
28	29	30	31			

FEBRUARY

S	M	T	W	T	F	S
				1	2	3
4	5	6	7	8	9	10
11	12	13	14	15	16	17
18	19	20	21	22	23	24
25	26	27	28			

1

MONDAY

2

TUESDAY

3

WEDNESDAY

4

THURSDAY

It does not matter how slowly you go as long as you do not stop.

– Confuscious

JANUARY

5 FRIDAY

6 SATURDAY

2018 YEARLY REVIEW

JANUARY

S	M	T	W	T	F	S
	1	2	3	4	5	6
7	8	9	10	11	12	13
14	15	16	17	18	19	20
21	22	23	24	25	26	27
28	29	30	31			

2018 YEARLY REVIEW

FEBRUARY

S	M	T	W	T	F	S
				1	2	3
4	5	6	7	8	9	10
11	12	13	14	15	16	17
18	19	20	21	22	23	24
25	26	27	28			

7 SUNDAY

8
MONDAY

9
TUESDAY

10
WEDNESDAY

11
THURSDAY

Accept the challenges so that you can feel the exhilaration of victory.

– George S. Patton

JANUARY

12 FRIDAY

13 SATURDAY

2018 YEARLY REVIEW

JANUARY

S	M	T	W	T	F	S
	1	2	3	4	5	6
7	8	9	10	11	12	13
14	15	16	17	18	19	20
21	22	23	24	25	26	27
28	29	30	31			

14 SUNDAY

2018 YEARLY REVIEW

FEBRUARY

S	M	T	W	T	F	S
				1	2	3
4	5	6	7	8	9	10
11	12	13	14	15	16	17
18	19	20	21	22	23	24
25	26	27	28			

15
MONDAY

16
TUESDAY

17
WEDNESDAY

18
THURSDAY

Life isn't about finding yourself. Life is about creating yourself.

– George Bernard Shaw

JANUARY

19 FRIDAY

20 SATURDAY

2018 YEARLY REVIEW

JANUARY

S	M	T	W	T	F	S
	1	2	3	4	5	6
7	8	9	10	11	12	13
14	15	16	17	18	19	20
21	22	23	24	25	26	27
28	29	30	31			

21 SUNDAY

2018 YEARLY REVIEW

FEBRUARY

S	M	T	W	T	F	S
				1	2	3
4	5	6	7	8	9	10
11	12	13	14	15	16	17
18	19	20	21	22	23	24
25	26	27	28			

22
MONDAY

23
TUESDAY

24
WEDNESDAY

25
THURSDAY

In the end, it's not the years in your life that count. It's the life in your years.
– Abraham Lincoln

JANUARY

26
FRIDAY

27
SATURDAY

2018 YEARLY REVIEW

JANUARY

S	M	T	W	T	F	S
	1	2	3	4	5	6
7	8	9	10	11	12	13
14	15	16	17	18	19	20
21	22	23	24	25	26	27
28	29	30	31			

28
SUNDAY

2018 YEARLY REVIEW

FEBRUARY

S	M	T	W	T	F	S
				1	2	3
4	5	6	7	8	9	10
11	12	13	14	15	16	17
18	19	20	21	22	23	24
25	26	27	28			

FEBRUARY

SUNDAY	MONDAY	TUESDAY	WEDNESDAY
4	5	6	7
11	12	13	14
18	19	20	21
25	26	27	28

2018

THURSDAY	FRIDAY	SATURDAY
1	2	3
8	9	10
15	16	17
22	23	24

NOTES

JANUARY

S	M	T	W	T	F	S
	1	2	3	4	5	6
7	8	9	10	11	12	13
14	15	16	17	18	19	20
21	22	23	24	25	26	27
28	29	30	31			

FEBRUARY

S	M	T	W	T	F	S
				1	2	3
4	5	6	7	8	9	10
11	12	13	14	15	16	17
18	19	20	21	22	23	24
25	26	27	28			

29
MONDAY

30
TUESDAY

31
WEDNESDAY

1
THURSDAY

The purpose of our lives is to be happy.
– Dalai Lama

JAN'18-FEB

2 FRIDAY

3 SATURDAY

2018 YEARLY REVIEW

JANUARY

S	M	T	W	T	F	S
	1	2	3	4	5	6
7	8	9	10	11	12	13
14	15	16	17	18	19	20
21	22	23	24	25	26	27
28	29	30	31			

2018 YEARLY REVIEW

FEBRUARY

S	M	T	W	T	F	S
				1	2	3
4	5	6	7	8	9	10
11	12	13	14	15	16	17
18	19	20	21	22	23	24
25	26	27	28			

4 SUNDAY

5
MONDAY

6
TUESDAY

7
WEDNESDAY

8
THURSDAY

Strive not to be a success, but rather to be of value.

– Albert Einstein

FEBRUARY

9
FRIDAY

10
SATURDAY

2018 YEARLY REVIEW

FEBRUARY

S	M	T	W	T	F	S
				1	2	3
4	5	6	7	8	9	10
11	12	13	14	15	16	17
18	19	20	21	22	23	24
25	26	27	28			

2018 YEARLY REVIEW

MARCH

S	M	T	W	T	F	S
				1	2	3
4	5	6	7	8	9	10
11	12	13	14	15	16	17
18	19	20	21	22	23	24
25	26	27	28	29	30	31

11
SUNDAY

12
MONDAY

13
TUESDAY

14
WEDNESDAY

15
THURSDAY

Life isn't about getting and having, it's about giving and being.

– Kevin Kruse

FEBRUARY

16
FRIDAY

17
SATURDAY

2018 YEARLY REVIEW

FEBRUARY

S	M	T	W	T	F	S
				1	2	3
4	5	6	7	8	9	10
11	12	13	14	15	16	17
18	19	20	21	22	23	24
25	26	27	28			

2018 YEARLY REVIEW

MARCH

S	M	T	W	T	F	S
				1	2	3
4	5	6	7	8	9	10
11	12	13	14	15	16	17
18	19	20	21	22	23	24
25	26	27	28	29	30	31

18
SUNDAY

19
MONDAY

20
TUESDAY

21
WEDNESDAY

22
THURSDAY

The mind is everything. What you think you become.

– Buddha

FEBRUARY

23
FRIDAY

24
SATURDAY

2018 YEARLY REVIEW

FEBRUARY

S	M	T	W	T	F	S
				1	2	3
4	5	6	7	8	9	10
11	12	13	14	15	16	17
18	19	20	21	22	23	24
25	26	27	28			

2018 YEARLY REVIEW

MARCH

S	M	T	W	T	F	S
				1	2	3
4	5	6	7	8	9	10
11	12	13	14	15	16	17
18	19	20	21	22	23	24
25	26	27	28	29	30	31

25
SUNDAY

MARCH

SUNDAY	MONDAY	TUESDAY	WEDNESDAY
4	5	6	7
11	12	13	14
18	19	20	21
25	26	27	28

2018

THURSDAY	FRIDAY	SATURDAY
1	2	3
8	9	10
15	16	17
22	23	24
29	30	31

NOTES

FEBRUARY

S	M	T	W	T	F	S
				1	2	3
4	5	6	7	8	9	10
11	12	13	14	15	16	17
18	19	20	21	22	23	24
25	26	27	28			

MARCH

S	M	T	W	T	F	S
				1	2	3
4	5	6	7	8	9	10
11	12	13	14	15	16	17
18	19	20	21	22	23	24
25	26	27	28	29	30	31

26
MONDAY

27
TUESDAY

28
WEDNESDAY

1
THURSDAY

Eighty percent of success is showing up.
– Woody Allen

FEB-MAR

2
FRIDAY

3
SATURDAY

2018 YEARLY REVIEW

FEBRUARY

S	M	T	W	T	F	S
				1	2	3
4	5	6	7	8	9	10
11	12	13	14	15	16	17
18	19	20	21	22	23	24
25	26	27	28			

4
SUNDAY

2018 YEARLY REVIEW

MARCH

S	M	T	W	T	F	S
				1	2	3
4	5	6	7	8	9	10
11	12	13	14	15	16	17
18	19	20	21	22	23	24
25	26	27	28	29	30	31

5

MONDAY

6

TUESDAY

7

WEDNESDAY

8

THURSDAY

Simplicity is the keynote of all true elegance.
– Coco Chanel

MARCH

9 FRIDAY

10 SATURDAY

2018 YEARLY REVIEW

MARCH

S	M	T	W	T	F	S
				1	2	3
4	5	6	7	8	9	10
11	12	13	14	15	16	17
18	19	20	21	22	23	24
25	26	27	28	29	30	31

2018 YEARLY REVIEW

APRIL

S	M	T	W	T	F	S
1	2	3	4	5	6	7
8	9	10	11	12	13	14
15	16	17	18	19	20	21
22	23	24	25	26	27	28
29	30					

11 SUNDAY

12
MONDAY

13
TUESDAY

14
WEDNESDAY

15
THURSDAY

It always seems impossible until it's done.
– Nelson Mandela

MARCH

16 FRIDAY

17 SATURDAY

2018 YEARLY REVIEW

MARCH

S	M	T	W	T	F	S
				1	2	3
4	5	6	7	8	9	10
11	12	13	14	15	16	17
18	19	20	21	22	23	24
25	26	27	28	29	30	31

2018 YEARLY REVIEW

APRIL

S	M	T	W	T	F	S
1	2	3	4	5	6	7
8	9	10	11	12	13	14
15	16	17	18	19	20	21
22	23	24	25	26	27	28
29	30					

18 SUNDAY

19
MONDAY

20
TUESDAY

21
WEDNESDAY

22
THURSDAY

Live in the sunshine, swim in the sea, drink the wild air.

– Ralph Waldo Emerson

MARCH

23
FRIDAY

24
SATURDAY

2018 YEARLY REVIEW

MARCH

S	M	T	W	T	F	S
				1	2	3
4	5	6	7	8	9	10
11	12	13	14	15	16	17
18	19	20	21	22	23	24
25	26	27	28	29	30	31

2018 YEARLY REVIEW

APRIL

S	M	T	W	T	F	S
1	2	3	4	5	6	7
8	9	10	11	12	13	14
15	16	17	18	19	20	21
22	23	24	25	26	27	28
29	30					

25
SUNDAY

26
MONDAY

27
TUESDAY

28
WEDNESDAY

29
THURSDAY

If you ever find yourself in the wrong story, leave.
– Mo Willems

MAR-APR

30
FRIDAY

31
SATURDAY

2018 YEARLY REVIEW

MARCH

S	M	T	W	T	F	S
				1	2	3
4	5	6	7	8	9	10
11	12	13	14	15	16	17
18	19	20	21	22	23	24
25	26	27	28	29	30	31

2018 YEARLY REVIEW

APRIL

S	M	T	W	T	F	S
1	2	3	4	5	6	7
8	9	10	11	12	13	14
15	16	17	18	19	20	21
22	23	24	25	26	27	28
29	30					

1
SUNDAY

APRIL

SUNDAY	MONDAY	TUESDAY	WEDNESDAY
1	2	3	4
8	9	10	11
15	16	17	18
22	23	24	25
29	30		

2018

THURSDAY	FRIDAY	SATURDAY
5	6	7
12	13	14
19	20	21
26	27	28

NOTES

MARCH

S	M	T	W	T	F	S
				1	2	3
4	5	6	7	8	9	10
11	12	13	14	15	16	17
18	19	20	21	22	23	24
25	26	27	28	29	30	31

APRIL

S	M	T	W	T	F	S
1	2	3	4	5	6	7
8	9	10	11	12	13	14
15	16	17	18	19	20	21
22	23	24	25	26	27	28
29	30					

2
MONDAY

3
TUESDAY

4
WEDNESDAY

5
THURSDAY

But all of the magic I have known I've had to make myself.

– Shel Silverstein

APRIL

6
FRIDAY

7
SATURDAY

2018 YEARLY REVIEW

APRIL

S	M	T	W	T	F	S
1	2	3	4	5	6	7
8	9	10	11	12	13	14
15	16	17	18	19	20	21
22	23	24	25	26	27	28
29	30					

2018 YEARLY REVIEW

MAY

S	M	T	W	T	F	S
		1	2	3	4	5
6	7	8	9	10	11	12
13	14	15	16	17	18	19
20	21	22	23	24	25	26
27	28	29	30	31		

8
SUNDAY

9
MONDAY

10
TUESDAY

11
WEDNESDAY

12
THURSDAY

Be silly. Be honest. Be kind.
– Ralph Waldo Emerson

APRIL

13 FRIDAY

14 SATURDAY

2018 YEARLY REVIEW

APRIL

S	M	T	W	T	F	S
1	2	3	4	5	6	7
8	9	10	11	12	13	14
15	16	17	18	19	20	21
22	23	24	25	26	27	28
29	30					

15 SUNDAY

2018 YEARLY REVIEW

MAY

S	M	T	W	T	F	S
		1	2	3	4	5
6	7	8	9	10	11	12
13	14	15	16	17	18	19
20	21	22	23	24	25	26
27	28	29	30	31		

16
MONDAY

17
TUESDAY

18
WEDNESDAY

19
THURSDAY

Persistance guarantees that results are inevitable.
– Yogananda

APRIL

20 FRIDAY

21 SATURDAY

2018 YEARLY REVIEW

APRIL

S	M	T	W	T	F	S
1	2	3	4	5	6	7
8	9	10	11	12	13	14
15	16	17	18	19	20	21
22	23	24	25	26	27	28
29	30					

2018 YEARLY REVIEW

MAY

S	M	T	W	T	F	S
		1	2	3	4	5
6	7	8	9	10	11	12
13	14	15	16	17	18	19
20	21	22	23	24	25	26
27	28	29	30	31		

22 SUNDAY

23
MONDAY

24
TUESDAY

25
WEDNESDAY

26
THURSDAY

I am not afraid, I was born to do this.
– Joan of Arc

APRIL

27
FRIDAY

28
SATURDAY

2018 YEARLY REVIEW

APRIL

S	M	T	W	T	F	S
1	2	3	4	5	6	7
8	9	10	11	12	13	14
15	16	17	18	19	20	21
22	23	24	25	26	27	28
29	30					

2018 YEARLY REVIEW

MAY

S	M	T	W	T	F	S
		1	2	3	4	5
6	7	8	9	10	11	12
13	14	15	16	17	18	19
20	21	22	23	24	25	26
27	28	29	30	31		

29
SUNDAY

MAY

SUNDAY	MONDAY	TUESDAY	WEDNESDAY
		1	2
6	7	8	9
13	14	15	16
20	21	22	23
27	28	29	30

2018

THURSDAY	FRIDAY	SATURDAY	NOTES
3	4	5	
10	11	12	
17	18	19	
24	25	26	
31			

APRIL

S	M	T	W	T	F	S
1	2	3	4	5	6	7
8	9	10	11	12	13	14
15	16	17	18	19	20	21
22	23	24	25	26	27	28
29	30					

MAY

S	M	T	W	T	F	S
		1	2	3	4	5
6	7	8	9	10	11	12
13	14	15	16	17	18	19
20	21	22	23	24	25	26
27	28	29	30	31		

30
MONDAY

1
TUESDAY

2
WEDNESDAY

3
THURSDAY

But all of the magic I have known I've had to make myself.

– Shel Silverstein

APR-MAY

4
FRIDAY

5
SATURDAY

2018 YEARLY REVIEW

APRIL

S	M	T	W	T	F	S
1	2	3	4	5	6	7
8	9	10	11	12	13	14
15	16	17	18	19	20	21
22	23	24	25	26	27	28
29	30					

2018 YEARLY REVIEW

MAY

S	M	T	W	T	F	S
		1	2	3	4	5
6	7	8	9	10	11	12
13	14	15	16	17	18	19
20	21	22	23	24	25	26
27	28	29	30	31		

6
SUNDAY

7
MONDAY

8
TUESDAY

9
WEDNESDAY

10
THURSDAY

Somewhere, something incredible is waiting to be known.

– Carl Sagan

MAY

11 FRIDAY

12 SATURDAY

2018 YEARLY REVIEW

MAY

S	M	T	W	T	F	S
		1	2	3	4	5
6	7	8	9	10	11	12
13	14	15	16	17	18	19
20	21	22	23	24	25	26
27	28	29	30	31		

2018 YEARLY REVIEW

JUNE

S	M	T	W	T	F	S
					1	2
3	4	5	6	7	8	9
10	11	12	13	14	15	16
17	18	19	20	21	22	23
24	25	26	27	28	29	30

13 SUNDAY

14
MONDAY

15
TUESDAY

16
WEDNESDAY

17
THURSDAY

If you can dream it, you can achieve it.
– Zig Ziglar

MAY

18
FRIDAY

19
SATURDAY

2018 YEARLY REVIEW

MAY

S	M	T	W	T	F	S
		1	2	3	4	5
6	7	8	9	10	11	12
13	14	15	16	17	18	19
20	21	22	23	24	25	26
27	28	29	30	31		

20
SUNDAY

2018 YEARLY REVIEW

JUNE

S	M	T	W	T	F	S
					1	2
3	4	5	6	7	8	9
10	11	12	13	14	15	16
17	18	19	20	21	22	23
24	25	26	27	28	29	30

21
MONDAY

22
TUESDAY

23
WEDNESDAY

24
THURSDAY

If you want to lift yourself up, lift up someone else.

– Booker T. Washington

MAY

25 FRIDAY

26 SATURDAY

2018 YEARLY REVIEW

MAY

S	M	T	W	T	F	S
		1	2	3	4	5
6	7	8	9	10	11	12
13	14	15	16	17	18	19
20	21	22	23	24	25	26
27	28	29	30	31		

2018 YEARLY REVIEW

JUNE

S	M	T	W	T	F	S
					1	2
3	4	5	6	7	8	9
10	11	12	13	14	15	16
17	18	19	20	21	22	23
24	25	26	27	28	29	30

27 SUNDAY

28
MONDAY

29
TUESDAY

30
WEDNESDAY

31
THURSDAY

Fall seven times and stand up eight.
– Japanese Proverb

MAY-JUNE

1
FRIDAY

2
SATURDAY

2018 YEARLY REVIEW

MAY

S	M	T	W	T	F	S
		1	2	3	4	5
6	7	8	9	10	11	12
13	14	15	16	17	18	19
20	21	22	23	24	25	26
27	28	29	30	31		

2018 YEARLY REVIEW

JUNE

S	M	T	W	T	F	S
					1	2
3	4	5	6	7	8	9
10	11	12	13	14	15	16
17	18	19	20	21	22	23
24	25	26	27	28	29	30

3
SUNDAY

JUNE

SUNDAY	MONDAY	TUESDAY	WEDNESDAY
3	4	5	6
10	11	12	13
17	18	19	20
24	25	26	27

2018

THURSDAY	FRIDAY	SATURDAY
	1	2
7	8	9
14	15	16
21	22	23
28	29	30

NOTES

MAY

S	M	T	W	T	F	S
		1	2	3	4	5
6	7	8	9	10	11	12
13	14	15	16	17	18	19
20	21	22	23	24	25	26
27	28	29	30	31		

JUNE

S	M	T	W	T	F	S
					1	2
3	4	5	6	7	8	9
10	11	12	13	14	15	16
17	18	19	20	21	22	23
24	25	26	27	28	29	30

4
MONDAY

5
TUESDAY

6
WEDNESDAY

7
THURSDAY

Either you run the day, or the day runs you.
– John Rohn

JUNE

8
FRIDAY

9
SATURDAY

2018 YEARLY REVIEW

JUNE

S	M	T	W	T	F	S
					1	2
3	4	5	6	7	8	9
10	11	12	13	14	15	16
17	18	19	20	21	22	23
24	25	26	27	28	29	30

2018 YEARLY REVIEW

JULY

S	M	T	W	T	F	S
1	2	3	4	5	6	7
8	9	10	11	12	13	14
15	16	17	18	19	20	21
22	23	24	25	26	27	28
29	30	31				

10
SUNDAY

11
MONDAY

12
TUESDAY

13
WEDNESDAY

14
THURSDAY

When you lose, don't lose the lesson.
– Dalai Lama

JUNE

15
FRIDAY

16
SATURDAY

2018 YEARLY REVIEW

JUNE

S	M	T	W	T	F	S
					1	2
3	4	5	6	7	8	9
10	11	12	13	14	15	16
17	18	19	20	21	22	23
24	25	26	27	28	29	30

2018 YEARLY REVIEW

JULY

S	M	T	W	T	F	S
1	2	3	4	5	6	7
8	9	10	11	12	13	14
15	16	17	18	19	20	21
22	23	24	25	26	27	28
29	30	31				

17
SUNDAY

18
MONDAY

19
TUESDAY

20
WEDNESDAY

21
THURSDAY

Happiness is not something readymade. It comes from your own actions.

– Dalai Lama

JUNE

22 FRIDAY

23 SATURDAY

2018 YEARLY REVIEW

JUNE

S	M	T	W	T	F	S
					1	2
3	4	5	6	7	8	9
10	11	12	13	14	15	16
17	18	19	20	21	22	23
24	25	26	27	28	29	30

2018 YEARLY REVIEW

JULY

S	M	T	W	T	F	S
1	2	3	4	5	6	7
8	9	10	11	12	13	14
15	16	17	18	19	20	21
22	23	24	25	26	27	28
29	30	31				

24 SUNDAY

25
MONDAY

26
TUESDAY

27
WEDNESDAY

28
THURSDAY

Simplify, simplify.

– Henry David Thoreau

JUNE-JULY

29
FRIDAY

30
SATURDAY

2018 YEARLY REVIEW

JUNE

S	M	T	W	T	F	S
					1	2
3	4	5	6	7	8	9
10	11	12	13	14	15	16
17	18	19	20	21	22	23
24	25	26	27	28	29	30

1
SUNDAY

2018 YEARLY REVIEW

JULY

S	M	T	W	T	F	S
1	2	3	4	5	6	7
8	9	10	11	12	13	14
15	16	17	18	19	20	21
22	23	24	25	26	27	28
29	30	31				

JULY

SUNDAY	MONDAY	TUESDAY	WEDNESDAY
1	2	3	4
8	9	10	11
15	16	17	18
22	23	24	25
29	30	31	

2018

THURSDAY	FRIDAY	SATURDAY
5	6	7
12	13	14
19	20	21
26	27	28

NOTES

JUNE

S	M	T	W	T	F	S
					1	2
3	4	5	6	7	8	9
10	11	12	13	14	15	16
17	18	19	20	21	22	23
24	25	26	27	28	29	30

JULY

S	M	T	W	T	F	S
1	2	3	4	5	6	7
8	9	10	11	12	13	14
15	16	17	18	19	20	21
22	23	24	25	26	27	28
29	30	31				

2
MONDAY

3
TUESDAY

4
WEDNESDAY

5
THURSDAY

I'm a great believer in luck and I find the harder I work, the more I have of it.
– Thomas Jefferson

JULY

6
FRIDAY

7
SATURDAY

2018 YEARLY REVIEW

JULY

S	M	T	W	T	F	S
1	2	3	4	5	6	7
8	9	10	11	12	13	14
15	16	17	18	19	20	21
22	23	24	25	26	27	28
29	30	31				

8
SUNDAY

2018 YEARLY REVIEW

AUGUST

S	M	T	W	T	F	S
			1	2	3	4
5	6	7	8	9	10	11
12	13	14	15	16	17	18
19	20	21	22	23	24	25
26	27	28	29	30	31	

9
MONDAY

10
TUESDAY

11
WEDNESDAY

12
THURSDAY

Dreaming, after all, is a form of planning.
– Gloria Steinem

JULY

13 FRIDAY

14 SATURDAY

2018 YEARLY REVIEW

JULY

S	M	T	W	T	F	S
1	2	3	4	5	6	7
8	9	10	11	12	13	14
15	16	17	18	19	20	21
22	23	24	25	26	27	28
29	30	31				

15 SUNDAY

2018 YEARLY REVIEW

AUGUST

S	M	T	W	T	F	S
			1	2	3	4
5	6	7	8	9	10	11
12	13	14	15	16	17	18
19	20	21	22	23	24	25
26	27	28	29	30	31	

16
MONDAY

17
TUESDAY

18
WEDNESDAY

19
THURSDAY

There are no traffic jams along the extra mile.
– Roger Staubach

JULY

20
FRIDAY

21
SATURDAY

2018 YEARLY REVIEW

JULY

S	M	T	W	T	F	S
1	2	3	4	5	6	7
8	9	10	11	12	13	14
15	16	17	18	19	20	21
22	23	24	25	26	27	28
29	30	31				

22
SUNDAY

2018 YEARLY REVIEW

AUGUST

S	M	T	W	T	F	S
			1	2	3	4
5	6	7	8	9	10	11
12	13	14	15	16	17	18
19	20	21	22	23	24	25
26	27	28	29	30	31	

23
MONDAY

24
TUESDAY

25
WEDNESDAY

26
THURSDAY

Your time is limited, so don't waste it living some-
one else's life.

– Steve Jobs

JULY

27
FRIDAY

28
SATURDAY

2018 YEARLY REVIEW

JULY

S	M	T	W	T	F	S
1	2	3	4	5	6	7
8	9	10	11	12	13	14
15	16	17	18	19	20	21
22	23	24	25	26	27	28
29	30	31				

2018 YEARLY REVIEW

AUGUST

S	M	T	W	T	F	S
			1	2	3	4
5	6	7	8	9	10	11
12	13	14	15	16	17	18
19	20	21	22	23	24	25
26	27	28	29	30	31	

29
SUNDAY

AUGUST

SUNDAY	MONDAY	TUESDAY	WEDNESDAY
			1
5	6	7	8
12	13	14	15
19	20	21	22
26	27	28	29

2018

THURSDAY	FRIDAY	SATURDAY
2	3	4
9	10	11
16	17	18
23	24	25
30	31	

NOTES

JULY

S	M	T	W	T	F	S
1	2	3	4	5	6	7
8	9	10	11	12	13	14
15	16	17	18	19	20	21
22	23	24	25	26	27	28
29	30	31				

AUGUST

S	M	T	W	T	F	S
			1	2	3	4
5	6	7	8	9	10	11
12	13	14	15	16	17	18
19	20	21	22	23	24	25
26	27	28	29	30	31	

30
MONDAY

31
TUESDAY

1
WEDNESDAY

2
THURSDAY

Every strike brings me closer to the next home run.

– Babe Ruth

JULY-AUG

3 FRIDAY

4 SATURDAY

2018 YEARLY REVIEW

JULY

S	M	T	W	T	F	S
1	2	3	4	5	6	7
8	9	10	11	12	13	14
15	16	17	18	19	20	21
22	23	24	25	26	27	28
29	30	31				

2018 YEARLY REVIEW

AUGUST

S	M	T	W	T	F	S
			1	2	3	4
5	6	7	8	9	10	11
12	13	14	15	16	17	18
19	20	21	22	23	24	25
26	27	28	29	30	31	

5 SUNDAY

6
MONDAY

7
TUESDAY

8
WEDNESDAY

9
THURSDAY

Yesterday is not ours to recover, but tomorrow is ours to win or lose.

– Lyndon B. Johnson

AUGUST

10 FRIDAY

11 SATURDAY

2018 YEARLY REVIEW

AUGUST

S	M	T	W	T	F	S
			1	2	3	4
5	6	7	8	9	10	11
12	13	14	15	16	17	18
19	20	21	22	23	24	25
26	27	28	29	30	31	

2018 YEARLY REVIEW

SEPTEMBER

S	M	T	W	T	F	S
						1
2	3	4	5	6	7	8
9	10	11	12	13	14	15
16	17	18	19	20	21	22
23	24	25	26	27	28	29
30						

12 SUNDAY

13
MONDAY

14
TUESDAY

15
WEDNESDAY

16
THURSDAY

Be happy for this moment. This moment is your life.

– Omar Khayyam

AUGUST

17 FRIDAY

18 SATURDAY

2018 YEARLY REVIEW

AUGUST

S	M	T	W	T	F	S
			1	2	3	4
5	6	7	8	9	10	11
12	13	14	15	16	17	18
19	20	21	22	23	24	25
26	27	28	29	30	31	

2018 YEARLY REVIEW

SEPTEMBER

S	M	T	W	T	F	S
						1
2	3	4	5	6	7	8
9	10	11	12	13	14	15
16	17	18	19	20	21	22
23	24	25	26	27	28	29
30						

19 SUNDAY

20
MONDAY

21
TUESDAY

22
WEDNESDAY

23
THURSDAY

Every day brings new choices.

– Martha Beck

AUGUST

24
FRIDAY

25
SATURDAY

2018 YEARLY REVIEW

AUGUST

S	M	T	W	T	F	S
			1	2	3	4
5	6	7	8	9	10	11
12	13	14	15	16	17	18
19	20	21	22	23	24	25
26	27	28	29	30	31	

2018 YEARLY REVIEW

SEPTEMBER

S	M	T	W	T	F	S
						1
2	3	4	5	6	7	8
9	10	11	12	13	14	15
16	17	18	19	20	21	22
23	24	25	26	27	28	29
30						

26
SUNDAY

27
MONDAY

28
TUESDAY

29
WEDNESDAY

30
THURSDAY

The more you praise and celebrate your life, the more there is in life to celebrate.
– Oprah Winfrey

AUG-SEP

31
FRIDAY

1
SATURDAY

2018 YEARLY REVIEW

AUGUST

S	M	T	W	T	F	S
			1	2	3	4
5	6	7	8	9	10	11
12	13	14	15	16	17	18
19	20	21	22	23	24	25
26	27	28	29	30	31	

2
SUNDAY

2018 YEARLY REVIEW

SEPTEMBER

S	M	T	W	T	F	S
						1
2	3	4	5	6	7	8
9	10	11	12	13	14	15
16	17	18	19	20	21	22
23	24	25	26	27	28	29
30						

SEPTEMBER

SUNDAY	MONDAY	TUESDAY	WEDNESDAY
2	3	4	5
9	10	11	12
16	17	18	19
23	24	25	26
30			

2018

THURSDAY	FRIDAY	SATURDAY
		1
6	7	8
13	14	15
20	21	22
27	28	29

NOTES

AUGUST

S	M	T	W	T	F	S
			1	2	3	4
5	6	7	8	9	10	11
12	13	14	15	16	17	18
19	20	21	22	23	24	25
26	27	28	29	30	31	

SEPTEMBER

S	M	T	W	T	F	S
						1
2	3	4	5	6	7	8
9	10	11	12	13	14	15
16	17	18	19	20	21	22
23	24	25	26	27	28	29
30						

3
MONDAY

4
TUESDAY

5
WEDNESDAY

6
THURSDAY

Do not take life too seriously. You will never get out of it alive.

– Elbert Hubbard

SEPTEMBER

7 FRIDAY

8 SATURDAY

2018 YEARLY REVIEW

SEPTEMBER

S	M	T	W	T	F	S
						1
2	3	4	5	6	7	8
9	10	11	12	13	14	15
16	17	18	19	20	21	22
23	24	25	26	27	28	29
30						

9 SUNDAY

2018 YEARLY REVIEW

OCTOBER

S	M	T	W	T	F	S
	1	2	3	4	5	6
7	8	9	10	11	12	13
14	15	16	17	18	19	20
21	22	23	24	25	26	27
28	29	30	31			

10
MONDAY

11
TUESDAY

12
WEDNESDAY

13
THURSDAY

Quality is not an act, it is a habit.

– Aristotle

SEPTEMBER

14
FRIDAY

15
SATURDAY

2018 YEARLY REVIEW

SEPTEMBER

S	M	T	W	T	F	S
						1
2	3	4	5	6	7	8
9	10	11	12	13	14	15
16	17	18	19	20	21	22
23	24	25	26	27	28	29
30						

2018 YEARLY REVIEW

OCTOBER

S	M	T	W	T	F	S
	1	2	3	4	5	6
7	8	9	10	11	12	13
14	15	16	17	18	19	20
21	22	23	24	25	26	27
28	29	30	31			

16
SUNDAY

17
MONDAY

18
TUESDAY

19
WEDNESDAY

20
THURSDAY

In order to be irreplaceable one must always be different.

– Coco Chanel

SEPTEMBER

21 FRIDAY

22 SATURDAY

2018 YEARLY REVIEW

SEPTEMBER

S	M	T	W	T	F	S
						1
2	3	4	5	6	7	8
9	10	11	12	13	14	15
16	17	18	19	20	21	22
23	24	25	26	27	28	29
30						

23 SUNDAY

2018 YEARLY REVIEW

OCTOBER

S	M	T	W	T	F	S
	1	2	3	4	5	6
7	8	9	10	11	12	13
14	15	16	17	18	19	20
21	22	23	24	25	26	27
28	29	30	31			

24
MONDAY

25
TUESDAY

26
WEDNESDAY

27
THURSDAY

What we think, we become.
– H. Jackson Brown, Jr.

SEPTEMBER

28
FRIDAY

29
SATURDAY

2018 YEARLY REVIEW

SEPTEMBER

S	M	T	W	T	F	S
						1
2	3	4	5	6	7	8
9	10	11	12	13	14	15
16	17	18	19	20	21	22
23	24	25	26	27	28	29
30						

30
SUNDAY

2018 YEARLY REVIEW

OCTOBER

S	M	T	W	T	F	S
	1	2	3	4	5	6
7	8	9	10	11	12	13
14	15	16	17	18	19	20
21	22	23	24	25	26	27
28	29	30	31			

OCTOBER

SUNDAY	MONDAY	TUESDAY	WEDNESDAY
	1	2	3
7	8	9	10
14	15	16	17
21	22	23	24
28	29	30	31

2018

THURSDAY	FRIDAY	SATURDAY
4	5	6
11	12	13
18	19	20
25	26	27

NOTES

SEPTEMBER

S	M	T	W	T	F	S
						1
2	3	4	5	6	7	8
9	10	11	12	13	14	15
16	17	18	19	20	21	22
23	24	25	26	27	28	29
30						

OCTOBER

S	M	T	W	T	F	S
	1	2	3	4	5	6
7	8	9	10	11	12	13
14	15	16	17	18	19	20
21	22	23	24	25	26	27
28	29	30	31			

1
MONDAY

2
TUESDAY

3
WEDNESDAY

4
THURSDAY

I can't change the direction of the wind, but I can adjust my sails to always reach my destination.
– Jimmy Dean

OCTOBER

5 FRIDAY

6 SATURDAY

2018 YEARLY REVIEW

OCTOBER

S	M	T	W	T	F	S
	1	2	3	4	5	6
7	8	9	10	11	12	13
14	15	16	17	18	19	20
21	22	23	24	25	26	27
28	29	30	31			

2018 YEARLY REVIEW

NOVEMBER

S	M	T	W	T	F	S
				1	2	3
4	5	6	7	8	9	10
11	12	13	14	15	16	17
18	19	20	21	22	23	24
25	26	27	28	29	30	

7 SUNDAY

8
MONDAY

9
TUESDAY

10
WEDNESDAY

11
THURSDAY

Perfection is not attainable, but if we chase perfection we can catch excellence.
– Vince Lombardi

OCTOBER

12
FRIDAY

13
SATURDAY

2018 YEARLY REVIEW

OCTOBER

S	M	T	W	T	F	S
	1	2	3	4	5	6
7	8	9	10	11	12	13
14	15	16	17	18	19	20
21	22	23	24	25	26	27
28	29	30	31			

2018 YEARLY REVIEW

NOVEMBER

S	M	T	W	T	F	S
				1	2	3
4	5	6	7	8	9	10
11	12	13	14	15	16	17
18	19	20	21	22	23	24
25	26	27	28	29	30	

14
SUNDAY

15
MONDAY

16
TUESDAY

17
WEDNESDAY

18
THURSDAY

Keep your face always toward the sunshine - and shadows will fall behind you.

– Walt Whitman

OCTOBER

19
FRIDAY

20
SATURDAY

2018 YEARLY REVIEW

OCTOBER

S	M	T	W	T	F	S
	1	2	3	4	5	6
7	8	9	10	11	12	13
14	15	16	17	18	19	20
21	22	23	24	25	26	27
28	29	30	31			

21
SUNDAY

2018 YEARLY REVIEW

NOVEMBER

S	M	T	W	T	F	S
				1	2	3
4	5	6	7	8	9	10
11	12	13	14	15	16	17
18	19	20	21	22	23	24
25	26	27	28	29	30	

22
MONDAY

23
TUESDAY

24
WEDNESDAY

25
THURSDAY

It is during our darkest moments that we must focus to see the light.

– Aristotle Onassis

OCTOBER

26
FRIDAY

27
SATURDAY

2018 YEARLY REVIEW

OCTOBER

S	M	T	W	T	F	S
	1	2	3	4	5	6
7	8	9	10	11	12	13
14	15	16	17	18	19	20
21	22	23	24	25	26	27
28	29	30	31			

2018 YEARLY REVIEW

NOVEMBER

S	M	T	W	T	F	S
				1	2	3
4	5	6	7	8	9	10
11	12	13	14	15	16	17
18	19	20	21	22	23	24
25	26	27	28	29	30	

28
SUNDAY

NOVEMBER

SUNDAY	MONDAY	TUESDAY	WEDNESDAY
4	5	6	7
11	12	13	14
18	19	20	21
25	26	27	28

2018

THURSDAY	FRIDAY	SATURDAY
1	2	3
8	9	10
15	16	17
22	23	24
29	30	

NOTES

OCTOBER

S	M	T	W	T	F	S
	1	2	3	4	5	6
7	8	9	10	11	12	13
14	15	16	17	18	19	20
21	22	23	24	25	26	27
28	29	30	31			

NOVEMBER

S	M	T	W	T	F	S
				1	2	3
4	5	6	7	8	9	10
11	12	13	14	15	16	17
18	19	20	21	22	23	24
25	26	27	28	29	30	

29
MONDAY

30
TUESDAY

31
WEDNESDAY

1
THURSDAY

Vitality shows in not only the ability to persist but the ability to start over.
– F. Scott Fitzgerald

OCT-NOV

2
FRIDAY

3
SATURDAY

2018 YEARLY REVIEW

OCTOBER

S	M	T	W	T	F	S
	1	2	3	4	5	6
7	8	9	10	11	12	13
14	15	16	17	18	19	20
21	22	23	24	25	26	27
28	29	30	31			

2018 YEARLY REVIEW

NOVEMBER

S	M	T	W	T	F	S
				1	2	3
4	5	6	7	8	9	10
11	12	13	14	15	16	17
18	19	20	21	22	23	24
25	26	27	28	29	30	

4
SUNDAY

5
MONDAY

6
TUESDAY

7
WEDNESDAY

8
THURSDAY

Let us sacrifice our today so that our children can have a better tomorrow.

– A. P. J. Abdul Kalam

NOVEMBER

9 FRIDAY

10 SATURDAY

2018 YEARLY REVIEW

NOVEMBER

S	M	T	W	T	F	S
				1	2	3
4	5	6	7	8	9	10
11	12	13	14	15	16	17
18	19	20	21	22	23	24
25	26	27	28	29	30	

11 SUNDAY

2018 YEARLY REVIEW

DECEMBER

S	M	T	W	T	F	S
						1
2	3	4	5	6	7	8
9	10	11	12	13	14	15
16	17	18	19	20	21	22
23	24	25	26	27	28	29
30	31					

12
MONDAY

13
TUESDAY

14
WEDNESDAY

15
THURSDAY

Change your thoughts and you change your world.

– Norman Vincent Peale

NOVEMBER

16 FRIDAY

17 SATURDAY

2018 YEARLY REVIEW

NOVEMBER

S	M	T	W	T	F	S
				1	2	3
4	5	6	7	8	9	10
11	12	13	14	15	16	17
18	19	20	21	22	23	24
25	26	27	28	29	30	

2018 YEARLY REVIEW

DECEMBER

S	M	T	W	T	F	S
						1
2	3	4	5	6	7	8
9	10	11	12	13	14	15
16	17	18	19	20	21	22
23	24	25	26	27	28	29
30	31					

18 SUNDAY

19
MONDAY

20
TUESDAY

21
WEDNESDAY

22
THURSDAY

We know what we are, but know not what we may be.

– William Shakespeare

NOVEMBER

23
FRIDAY

24
SATURDAY

2018 YEARLY REVIEW

NOVEMBER

S	M	T	W	T	F	S
				1	2	3
4	5	6	7	8	9	10
11	12	13	14	15	16	17
18	19	20	21	22	23	24
25	26	27	28	29	30	

25
SUNDAY

2018 YEARLY REVIEW

DECEMBER

S	M	T	W	T	F	S
						1
2	3	4	5	6	7	8
9	10	11	12	13	14	15
16	17	18	19	20	21	22
23	24	25	26	27	28	29
30	31					

26
MONDAY

27
TUESDAY

28
WEDNESDAY

29
THURSDAY

Put your heart, mind, and soul into even your smallest acts. This is the secret of success.
– Swami Sivananda

NOV-DEC

30 FRIDAY

1 SATURDAY

2018 YEARLY REVIEW

NOVEMBER

S	M	T	W	T	F	S
				1	2	3
4	5	6	7	8	9	10
11	12	13	14	15	16	17
18	19	20	21	22	23	24
25	26	27	28	29	30	

2 SUNDAY

2018 YEARLY REVIEW

DECEMBER

S	M	T	W	T	F	S
						1
2	3	4	5	6	7	8
9	10	11	12	13	14	15
16	17	18	19	20	21	22
23	24	25	26	27	28	29
30	31					

DECEMBER

SUNDAY	MONDAY	TUESDAY	WEDNESDAY
2	3	4	5
9	10	11	12
16	17	18	19
23	24	25	26
30	31		

2018

THURSDAY	FRIDAY	SATURDAY
		1
6	7	8
13	14	15
20	21	22
27	28	29

NOTES

NOVEMBER

S	M	T	W	T	F	S
				1	2	3
4	5	6	7	8	9	10
11	12	13	14	15	16	17
18	19	20	21	22	23	24
25	26	27	28	29	30	

DECEMBER

S	M	T	W	T	F	S
						1
2	3	4	5	6	7	8
9	10	11	12	13	14	15
16	17	18	19	20	21	22
23	24	25	26	27	28	29
30	31					

3
MONDAY

4
TUESDAY

5
WEDNESDAY

6
THURSDAY

Every story I create, creates me. I write to create myself.

– Octavia E. Butler

DECEMBER

7 FRIDAY

8 SATURDAY

2018 YEARLY REVIEW

DECEMBER

S	M	T	W	T	F	S
						1
2	3	4	5	6	7	8
9	10	11	12	13	14	15
16	17	18	19	20	21	22
23	24	25	26	27	28	29
30	31					

9 SUNDAY

2019 YEARLY REVIEW

JANUARY'19

S	M	T	W	T	F	S
		1	2	3	4	5
6	7	8	9	10	11	12
13	14	15	16	17	18	19
20	21	22	23	24	25	26
27	28	29	30	31		

10
MONDAY

11
TUESDAY

12
WEDNESDAY

13
THURSDAY

There are two ways of spreading light: to be the candle or the mirror that reflects it.
– Edith Wharton

DECEMBER

14 FRIDAY

15 SATURDAY

2018 YEARLY REVIEW

DECEMBER

S	M	T	W	T	F	S
						1
2	3	4	5	6	7	8
9	10	11	12	13	14	15
16	17	18	19	20	21	22
23	24	25	26	27	28	29
30	31					

16 SUNDAY

2019 YEARLY REVIEW

JANUARY'19

S	M	T	W	T	F	S
		1	2	3	4	5
6	7	8	9	10	11	12
13	14	15	16	17	18	19
20	21	22	23	24	25	26
27	28	29	30	31		

17
MONDAY

18
TUESDAY

19
WEDNESDAY

20
THURSDAY

The bird is powered by its own life and by its motivation.

– A. P. J. Abdul Kalam

DECEMBER

21
FRIDAY

22
SATURDAY

2018 YEARLY REVIEW

DECEMBER

S	M	T	W	T	F	S
						1
2	3	4	5	6	7	8
9	10	11	12	13	14	15
16	17	18	19	20	21	22
23	24	25	26	27	28	29
30	31					

2019 YEARLY REVIEW

JANUARY'19

S	M	T	W	T	F	S
		1	2	3	4	5
6	7	8	9	10	11	12
13	14	15	16	17	18	19
20	21	22	23	24	25	26
27	28	29	30	31		

23
SUNDAY

24
MONDAY

25
TUESDAY

26
WEDNESDAY

27
THURSDAY

Let your life lightly dance on the edges of Time like dew on the tip of a leaf.
– Rabindranath Tagore

DECEMBER

28 FRIDAY

29 SATURDAY

2018 YEARLY REVIEW

DECEMBER

S	M	T	W	T	F	S
						1
2	3	4	5	6	7	8
9	10	11	12	13	14	15
16	17	18	19	20	21	22
23	24	25	26	27	28	29
30	31					

2019 YEARLY REVIEW

JANUARY'19

S	M	T	W	T	F	S
		1	2	3	4	5
6	7	8	9	10	11	12
13	14	15	16	17	18	19
20	21	22	23	24	25	26
27	28	29	30	31		

30 SUNDAY

31
MONDAY

1
TUESDAY

2
WEDNESDAY

3
THURSDAY

Let your life lightly dance on the edges of Time like dew on the tip of a leaf.
– Rabindranath Tagore

DECEMBER

28
FRIDAY

29
SATURDAY

2018 YEARLY REVIEW

DECEMBER

S	M	T	W	T	F	S
						1
2	3	4	5	6	7	8
9	10	11	12	13	14	15
16	17	18	19	20	21	22
23	24	25	26	27	28	29
30	31					

2019 YEARLY REVIEW

JANUARY'19

S	M	T	W	T	F	S
		1	2	3	4	5
6	7	8	9	10	11	12
13	14	15	16	17	18	19
20	21	22	23	24	25	26
27	28	29	30	31		

30
SUNDAY

31
MONDAY

1
TUESDAY

2
WEDNESDAY

3
THURSDAY

Don't judge each day by the harvest you reap but by the seeds that you plant.
– Robert Louis Stevenson

DEC-JAN'19

4
FRIDAY

5
SATURDAY

2018 YEARLY REVIEW

DECEMBER

S	M	T	W	T	F	S
						1
2	3	4	5	6	7	8
9	10	11	12	13	14	15
16	17	18	19	20	21	22
23	24	25	26	27	28	29
30	31					

6
SUNDAY

2019 YEARLY REVIEW

JANUARY'19

S	M	T	W	T	F	S
		1	2	3	4	5
6	7	8	9	10	11	12
13	14	15	16	17	18	19
20	21	22	23	24	25	26
27	28	29	30	31		